가을엔

가을엔

장인숙 시집

서문당

시인의 말

아직 햇살은 따갑지만 서늘한 가을바람이 선들선들 부는 공원길을 걷는데 나무 밑이나 길옆에 하나 둘씩 죽은 매미가 누워 있다. 여름 한철에 와 잘 살아야 20여 일의 삶 그 짧은 동안을 밤낮으로 울다가는 매미. 아마도 매미만큼 세상을 향해 할 소리 다하고 가는 존재도 없으리라.
더위로 힘든 밤에도 그들은 무슨 할 말이 그렇게 많은가 밤새도록 소나기 울음을 쏟아놓는다. 마음에 담아둔 울화를 다 비워내고 미련 없이 생을 버려 몽톡한 삶을 살다가는 매미의 일생이 멋져 보이는 초가을.
2005년 등단과 함께 "해마다 가을이 되면" 첫 시집을 내고 이러저러한 일로 준비가 늦어져 이제야 제2집을 꾸리게 되었다. 나이가 지긋해지니까 시간들이 아쉬워 어쩔 수 없다 본다. 지나온 시간이 남은 시간보다 긴 때문이 아닐까 생각하니 풀 포기 하나마다 더 소중하고 아름답게 보인다.
모두를 사랑하는 마음으로 삶의 발자취를 시로 다가가 남기고 싶다.

2013년 가을

장인숙

차례

제2부 / 35

제3부 / 65

제1부

내 좋아하는 풍경

만추의 푸른 하늘
나뭇잎을 다 떨구어 낸
듬직한 큰 나무의 위초리
그물망처럼 펴진 실낱같은 잔가지에
내년 봄에 태어날 싹눈이 맺혀 있는 모습
이대로 나목인 채
한겨울과 맞서는 아름다운 용기

한 여름
목이 말라
비를 기다리다 기다리다
끝내 아사지경에 이른 초목은
간밤에 밤새도록 내린 비에
기운을 찾아
푸른 숨결 토해내며
싱싱하게 서 있는 파란 웃음들

산수유 열매가
아직도 어미 나무를 떠나지 못하고
흰 눈을 함빡 이고
빨갛게 얼굴 내미는
철부지 응석

음달에는 아직도 잔설이 쌓여
추위가 머물고 있는 초봄
어느 틈에 땅을 열고 나온
꽃다지 냉이의 부지런한 기상

가을 산

가을 산이
조용히 물들어 감은
푸른 힘이 다해
수면을 하고 싶은 것입니다.

노을을 휘감고
사색하는 산은
이제
성장을 멈추고
한 겨울동안 휴식을 할 것입니다.

잃어버린 것과
잊어 버려야 하는 것을 구분하여
이제껏 살아온 일들을
헤아려 볼 것입니다.

한없이 뻗어 나갈 줄만 알았던
꿈들이
수목 한계선이 된 계절에
다소곳이 머리 숙였습니다.
꿈을 접은 겨울이 올지라도
희망으로 다가오는 새봄을 위해

푸른 싹을 준비하려면
긴 수면의 계획이
필요하다고 말입니다.

노을

가끔은 노을이
더 아름다울 때가 있습니다.

그 날 날씨에 따라
다르게 나타나는 현상일지 모르지만
빨간 꽃물로
하늘을 물들이는 노을이
유난히 아름답게 보일 때가 있습니다.

하루 종일 빛을 뿌리며
바쁘게 움직였던 해가
서산으로 쉬러 갈 때
하늘이 내어 주는
고운 비단 이불인가 봅니다.

어느새
노을빛이 내 몸에 와 있음을 압니다.
내가 살아 온 삶이
어느 노을빛이 될지는 모릅니다.
삶의 끈을 잡고 있는 지금
다만
꽃물 든 빨간 노을 되기를 바랄 뿐 입니다.

이 가을에

이 가을에
따끈한 국화차 앞에 놓고
당신과 마주 하고 싶습니다.

하고 싶은 말 많지만
입을 열어 말하면
행여
진심이 감해질까
그냥 눈빛으로만 말하고 싶습니다.

긴 여독에
머리에 내려진 하얀 눈가루도
그 옛날 같이 피워냈던
가슴 속 모닥불을
끄지는 못합니다.

국화차 식기 전
가을이 가기 전
잠시
당신의 눈빛에 머물고 싶습니다.

어느 가을 아침

맑은 아침
끝물로 핀 나팔꽃 향기에 취해
그만 나이를 놓쳐 버렸네.

옛길을 따라
단발머리에 꽃을 꽂고
친구들과 풀밭에
메뚜기 잠자리 잡으며
한참을 유영하는데...

귀를 울리는 전화벨 소리에
나이가 돌아오고

나팔꽃 향기 따라
잠시 나들이 한 어린 시절
가슴에 늘
풋풋한 숲속의 산소로 자리하네.

이제 나에게는

이제 나에게는
무성한 여름은 갔나보다.

자주 침상을 찾아 쉬게 되고
무슨 일이든 시작의 계획보다
하던 일 마무리에 힘쓰게 되며
실행하는 일보다
마음만으로 하는 일이 더 많네.

세상 인연으로 나온
작은 풀포기 하나
더 소중한 생각 들고
흔히 보이는 강아지풀도
해를 거듭할수록 더욱 아름답게 보이네.
옛날보다 하루해는 더 빠르게 가고
날이 갈수록 말 안 듣는 건강
신경이 날카로워지네.

여름 풍광에
한없이 솟구쳤던 열정
조용한 노을 밭에 뉘이고
정리할 일들을 솎아내며

머무른 자리
아름답게 남기고 싶네.

욕심

누구나
마음 안으로 드려놓은
은밀한 항아리 일게다.

아무도 모르게
늘 가득 채우고 싶은 마음
먼 길 떠날 때
다 내려놓고 가야하는데도...

연시

가을빛을
담뿍 담은 연시

잘못 부딪치면 터져버리는
마알갛게 말랑거리는
진주홍 빛

한 입 물으면
입 안에 꽈악
달콤한 가을이 밀려온다.

메뚜기

농약이 없던 옛 시절
아무 풀 섶 땅 속에 알을 낳아
새끼들 태어나고
부드러운 밭 둔덕에
마음껏 뛰어놀고
벼 냄새 풍기는
벼 포기 요람에서
세상 행복 모두 소유하였지.

농약 저승사자로
그들 메뚜기
풀숲의 영화 잃은 지 오래

어쩌다 농약이 닿지 않은 곳에
살아남은 메뚜기를 보면
오래도록 격조했던 친구 본 듯
반갑기 그지없네.

귀뚜라미 울음

가을밤을
가장 가을답게 하는
귀뚜라미 울음

쌀쌀한 밤공기 속에
들려오는 울음소리는
누구를 꼭 집어 생각하지 않아도
그리움을 갖게 하는 소리

휘영청 밝은 달빛 아래
몸을 드러내지 않고
어딘가 숨어서 우는
애달픈 소리는
기다림을 갖고 있는 사람들에게
잠을 잊게 하고
먼 곳에 임 보내고 사는 이에게
젖은 그리움으로 눈물짓게 하는
가을의 아픈 소리

구절초

서리를 안고 피었음일까
바위 아래 구절초
하얀 얼굴이 서늘 서늘하네

쑥 내음을 닮은 향기
풀 먹여 다듬은 옥양목 같은
도톰한 꽃잎

푸르게 번성한 여름이 가버린 그 자리
조용히 찾아 온 가을꽃
누구를 여의고 왔음일까
꽃잎마다 저리 서늘한 수심이...

추석 전날

추석 전날
친정어머님께 밀인사 드리고 오는 길
많은 차량들이
고향 길로 떠나서인가
모처럼 도로는
비움의 넉넉함으로
참 한가하네.

때 이른 저녁
하늘에 걸린 하얀 둥근 달
어두운 밤이 점화하여
미색으로 차츰 차츰 밝아오면
바삐 사느라
가슴 한 구석에 접어놓은
묵은 인연들의 추억이
스멀스멀 기어 나와
잊었던 옛날들을 펼쳐주겠지.

가을엔

가을엔
작은 들꽃 한 송이 가슴에 달고
조용한 숲길을 걸어보세요.
풀잎과 나뭇잎들이 물들어 가는 이야기를
가만히 들어 보세요.

성장이 멈추어 꿈을 접어도
우리네들처럼 절망하지 않고
침착하게 겨울나기 준비를 하고 있지요.

안 좋은 일이 있거나
욕심이 차지 않으면
하루에도 몇 번씩 분노하고 절망하는
우리네들과는 달리
나무들은 잎들을 비워내야
다음 해 봄의 싹을 잉태한다는 진리를 믿고
잎들마다 황혼빛으로 물들여 갈아 입히고
조용히 떠나보낼 준비를 하고 있지요.

늘 채우기 위해 사는 욕심으로
머릿속이 번뇌로 시달리는 우리네들

가을엔
비움의 진리로 살아가는
나무들의 마음을 만나보러
조용한 숲길로 가보세요.

허수아비의 꿈

내 비록
농부의 손에
우스꽝스러운 모습으로 만들어져
온종일 들판에 서서
그가 시키는 대로
나락들을 지키고 있지만
내게도
꿈은 있다네.

단 하루 일탈이 되어도 좋으리.
새들과 함께
푸른 창공과 아름다운 산하를
마음껏 누빌 수만 있다면

갖고 있는 꿈이
허망된 일일지라도
금생에 못 이루면
내생 또 내생
꿈이 이루어질 때 까지
내 소망은 끝이 없으리.

달을 찾아

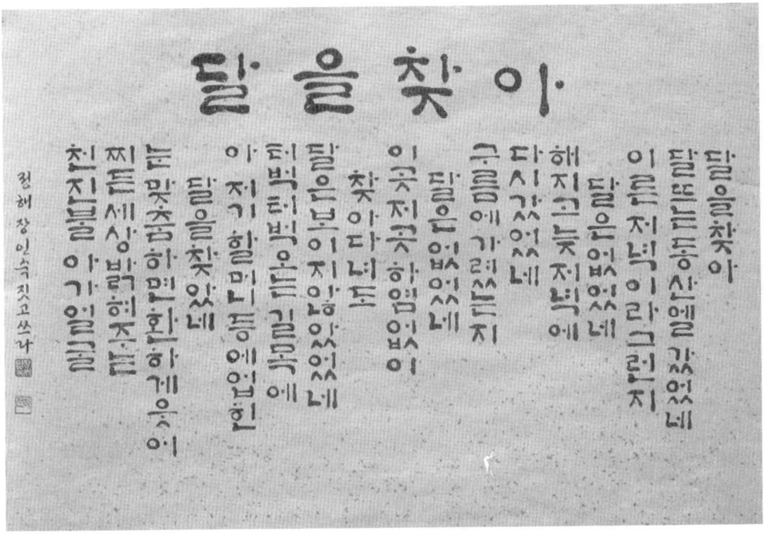
달을 찾아
달을찾아
달뜨는동산엘 갔었네
이른저녁이라 그런지
달은 없었네
해지고 늦저녁에
다시 갔었네
구름에 가렸는지
달은 없었네
이곳저곳 하염없이
찾아다녀도
달은 보이지 않았었네
터벅터벅 오는 길목에
아 저기 할미등에 업힌
달을 찾았네
눈맞춤하면 환하게 웃이
찌든세상 밝혀주는
천진불 아가얼굴
정해 장인숙 짓고 쓰다

향

햇살이 잘 스며든 약초에
파란 하늘에서
갓 불어 온
먼지 없는 바람 한 움큼 집어넣고
산중계곡에 흐르는 맑은 물로
잘 섞어 반죽해
가늘게 빚어놓은 심지

이곳에
한없는 하늘이 있고
푸른 힘을 밀어 올리는 대지가 있고
흘러 고이지 않는
맑은 무욕이 있으니
경건한 마음으로 점화하면
작은 불씨에 몸 사르며
하얀 연기로 승화

마음을 허공에 두고
방황하는 이들에게
명상의 향기로 다가가
고요한 정심으로 다스려 주네.

가로등

해가 지면
지나가기 싫은 후미진 곳에
가로등이 생겼다.

깜깜한 밤이면
옛날이야기에서나 나오는
머리 푼 소복의 귀신이라도
나올 것 같은 음산한 곳에
어둠을 거두는
빛이 군림하니
얼마나 반가운가.

작은 등 하나 비쳐도
이리 위대해 보이는데
인류를 밝히는 성인의 모습은
더 말해 무엇 하랴.

판단 그릇되면

지렁이가 비올 줄 예감하고
미리 공원길로 나왔다가
구름 사이로 잠시 나온
강한 햇볕에 살을 익히며
몸부림치며 괴로워하고 있네.

물 배인 날씨는
후덥지근하고 꿉꿉하지만
비는 아니 오는데

사람이나
미물이나
판단 그릇되면
생사가 오갈 수 있는 일이네

제2부

진달래 화전

찹쌀이
제 몸 부수고 또 부수어
고운 가루 되어
찰지게 치댄 반죽으로
둥근 절편 되어
다함없는 사랑을 보이며
진달래에게 다가가
살며시 분홍 숨결 안아보네.

그들 두 영혼은
헤어짐 없는 하나로 승화되고 싶어
기름 두른 뜨거운 철판도 마다 않고
두 눈 감아 꼬옥 부여안고
차마 죽을 고통 감내하니
아!
하나로 승화된 사랑

곱기도 해라
하얀 볼에 꽃 연지
화전으로 나투셨네.

정원수 가지치기

곁가지로 나왔지만
튼실하고 곧게 자라
가지치기엔 아까워 보이는 나무 가지들
나무 모양새로 보아
쳐내져야 균형이 잡힐 일이지만
쳐내져야 하는 저 가지도
겨우내 꿈을 꾸었으리라
푸른 창공을 한껏 뻗어보는 꿈을

차라리 산에서 자라는
나무로 태어났으면 좋았으리
잔가지 하나라도 온전히 살아
마음껏 뻗을 수 있는 산 나무로...

인간의 관상용으로
이리저리 잘려나가는 나무 가지들
내 가슴 한 편이 잘리는 듯
아픔으로 저려오네.

춘란

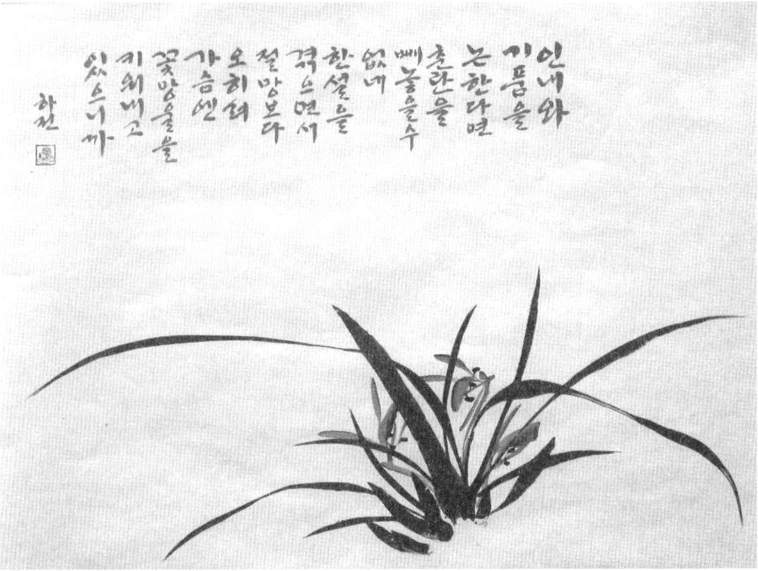
인내와
기다림을
논한다면
춘란을
빼놓을수
없네
한설을
겪으면서
절망보다
오히려
가슴엔
꽃망울을
키워내고
있으니까
하전

일몰

해는
새벽부터 불을 지펴
활활 타오를 수 있도록 몸을 뎁혀 놓아
아침을 기다리는 이들을 위해
찬란하게 떠오른다.

날마다 하는 일이지만
늘 새로운 마음으로
높이 높이 떠서
습한 곳이든 마른 곳이든
골고루 빛을 내려주어
자기를 바라보며 사는 이들을
따뜻하게 보듬어준다

행여 어느 누구하나
어둠속에 절망하여 살까 보아
분주히 살피고 살피다 보면
어느새 한낮이 기울어
갖고 있던 에너지 다 소모되면
먼 산에 감빛 노을을 풀고
조용히 수면에 든다.

윤회

언제나
새로운 욕망으로
끝도 없이 굴리며 달리는
다람쥐 쳇바퀴.

여름

부채로 더위를 식히던 시절
삼베옷 모시옷에
빳빳하게 풀 먹여 입으면
간간히 불어오는 바람이
옷 사이로 성글성글 스며들어
땀을 씻어주곤 했지

서둘러 이른 저녁 해먹고
어스름해지면
생풀 모깃불 피워
눈 매운 연기가 집안에 자욱
연기 따라 모기떼 가버리면
허리에 수건 가락지 끼고
우물에서 새로 길어 올린
찬물에 등목하고
꿀 같은 잠으로 더위를 잊곤 했지

애호박 된장찌개에
아이들 무럭무럭 자라고
푸른 논엔 탐스러운 벼 포기
복마다 패인다는 벼 이삭이
쏘옥쏘옥 올라오고

논 메뚜기는 이포기 저포기로 치며
한가하였지

아이들 이마에
땀띠가 노랗게 영글면
입추가 저만치 보이고-
무더운 입덧을 견뎌내며
무성해진 만삭의 여름은
머지않은
풍요로운 가을의 출산을 꿈꾸겠지

송사리의 수행

사뭇 도시와 떨어진
어느 숲속 냇가에 앉아
물 흐름을 보고있네.

아담한 나무와 커다란 나무가
어우러져 있는 산야는
참 고즈넉도 하지

돌돌돌
결 곱게 흐르며
크고 작은 돌들을 부딪치는 물소리
파란 하늘에 줄을 긋듯
산새 한 쌍이 날아가며 지저귀는 소리
숲의 분위기를 띄우네.

물살이 보이지 않은
조금 깊은 물엔
송사리 떼가 분주하네.

한시도 멈추지 않고
저리 자맥질 하는 송사리들
욕심과 번뇌가 붙을 세라
온 몸을 털어내는 수행이 아닐 런지.

산하는 그렇게

가끔은 허공에 마음을 얹고
잠시
아래를 바라보며 쉬고 싶네.

구름 아래로 보이는
높은 산
낮은 골짜기
그 둘을 이어주는
푸른 나무들과 바위 시냇물

산은 높이 있어도
교만하지 않고
골짜기 낮아도
비굴하지 않아
그렇게
아름다운 조화로
산하는 늘
평화롭게 숲을 가꾸나 보다.

사월 초파일

산사로 가는 길
야트막하게 늘어진 전선줄에
금낭화 꽃송이처럼
오색등이 예쁘게 줄줄이 피어 있고
등마다 아름답게 불이 밝혀있네.

푸르고 맑은 하늘
온갖 꽃들이 만발하고
온갖 새들이 노래하는
사월 초파일.

중생들의 무명을 밝혀 주고져
어두운 사바세계
진리의 등불 되어
부처님 나투셨네.
대자비로 나투셨네.

다음 생의 준비

씨앗은 여물수록
다음 생을 위해
땅에 떨어질 준비를 하고

누에는
몸이 투명하여지면
고치 지을 날이 머지않은데

사람도 나이 먹어
바람에 흔들리는 풀잎의 속마음도
다 읽어 낼 수 있는 혜안이 얻어지면
몸을 떠나보낼 날
머지않을까 싶네.

혼자된 시골 할머니

짧은 겨울 해가
저녁을 재촉합니다.

작년에 할아버지를 여읜 할머니는
아궁이에 불을 지피십니다.
마른 콩깍지와 뒷산에서 주워온
삭은 삭정이를 꺾어 넣으며
떠나신 영감님을 생각합니다.

무슨 예감이 있었던가.
여름내 산에 쓰러진 나무들을
열심히 끌고 와 장작으로 패서
뒷뜰에 차곡차곡 쌓아놓고
할아버지는 먼 길 떠나셨습니다.

아들 딸 시집 장가 보내어
모두 도시로 가고
단둘이 의지하여 살다가
혼자된 할머니는
할 수만 있다면
어서 명이 다해서
영감님 곁으로 가는 것이 소원입니다.

영감님이 해놓고 가신 장작은
때지 않고 아껴두며
영감님 보듯 바라보는 할머니

무쇠 솥에 김이 나는걸 보니
물이 뎁혀졌나 봅니다.

할머니는 뒷뜰로 나가
장작 벼늘을 쓰러 만지며
할아버지 마음을 가슴에 담습니다.

석양에 비친 노안에
말간 이슬이 맺힙니다.

노부부

노부부
둘이 살면서
하루하루를 보낼수록
걱정이 있습니다.

내 먼저 죽으면
할아버지 끼니와 빨래
누가 챙겨 줄거나.

내가 가고 나면
밤마다 더 아픈 할머니 다리
누가 따뜻하게 보살펴 줄꼬...

언제 다가올지 모르는
헤어짐의 불안을
서로 입 밖에 내지 않고
가슴으로만 삼키다가...

밤이 지나고
새 아침이 오면
아직 같이 하루의 시작을
할 수 있다는 오늘이 감사하여

잠시 걱정하는 마음 내려놓고
아침을 맞는 노부부.

노염으로 밤을 새우며

아직 남은 여름이 기승을 부리는가
처서 백중을 남겨 둔 노염은
잠 못 드는 열대야를 불러들이고
더위에 시달리는 사람들은
짜증으로 평상심 갖기가 힘드네.

그래도 시골에 오니
더위는 같드라도
산이 보이고 들이 보여
한결 숨이 트이고
벼 냄새 풍기는 바람은 제법 시원하네.

가까이 있는 논에서
밤새워 우는 개구리 소리는
더위로 지친 밤을 달래주고
간간히 서둘러 우는 귀뚜라미 소리도
가을을 생각하게 하여
무더운 밤을 견디게 하네.

밤을 잊고 개구리 소리를 귀에 담으며
오랜만에 새벽으로 저무는 달을 배웅하니

티 없는 낭만으로 밤을 새우던
소녀시절 되찾은 듯 가슴 설레네.

나이 드는 일

가끔 생각이
희미할 때가 있다.

낯이 익어
반갑게 인사하고 지나치며
저 사람 누구더라
전혀 생각 안나는 사람

생각하면 할수록
더욱 생각 안나
내키지 않은 채
그냥 덮어 두다가 엉뚱하게도
설거지하다 생각해 내는 일

이런 모습으로
나이는 드나보다.

늙은 나룻배

유유히 흐르는 강물
노로 물결 가르며
가기도 하고 오기도 하는 나룻배

해를 따라 아침을 맞고
달을 따라 밤을 새며
수 없는 세월을 흐르며 보내더니
일체 만물은 다 덧없는 것이라 터득

청청했던 목질 강물에 삭아
허옇게 연기처럼 바래
이제 백발이 성성하네.

다시 보고 싶은 것

흰 저고리에 검정 통치마
맨 얼굴의 옛날 언니들이
갖가지 용도로 그린 수본책을
서로 서로 빌려가며
비단 천에 먹지대고 그림 그리던 모습들

맨드라미 채송화 백일홍
울타리로 둘러있는
아담한 장독대
느닷없는 소나기로 장독 소래기위에
사정없이 튕겨지는 굵은 빗방울

소돌한 반백의 머리를
댕기 드려 곱게 빗어 땋아
얌전하게 틀어 올린
은비녀 꽂은 쪽진 머리

질화로에
벌겋게 타오른 숯불을 가득 담고
불내 나가라고
호렴 한주먹 뿌려
후두둑 후두둑 튀기는 소금 방울

쌀을 담가 푹 불려
곱게 갈아 풀을 쑤어 메긴
올마다 날이 선 모시옷에
흰 버선발 감싸 안은
옥색 고무신

치아가 거의 다 빠진 노할머니
증손자 무릎에 앉히고
입을 호물호물 거리며
삶은 밤을 까먹이는
흐뭇한 주름진 얼굴

생로병사

이제 나도
나이를 먹었는가 봅니다.
누군가의 간호를 받으며
편안히 쉬고 싶을 때가 있습니다.

색다른 음식을 마련해놓고
식탁으로 부르는 이가
옆에 있어 주면 좋겠습니다.

삼남매 키우는 일이
인생 전부로 알고 지내던
젊은 엄마의 시절
그 어떤 몽근짐도 잘 받아내던 일이
아득하기만 합니다.

푸른 잎 사이로 눈부시게 쏟아지는 햇볕
삶의 욕망이 무한했고
꿈을 안고 날마다 바쁘던 나날들

아이들은 성장해
제 보금자리를 찾아가고
노랗게 물든 나뭇잎 사이로 보이는

노을의 아름다운 빛
이제야 생로병사의 순리를
깨달아 가는 듯합니다.

멀기만 했던 하늘길이
가깝게 다가옴을 느낍니다.

어머니

이제 망백이 되신 어머니
은빛 머릿결도 많이 빠지시어
숱이 소돌 하시고
틀니로 대신하신 치아로
식사하기가 불편하신 모습
얼굴 이 곳 저 곳에
솟아 돋은 저승꽃 검버섯
어머니의 아픈 세월 흔적이네.

이 연세에
거의 다른 부모님들이 겪는
희미한 정신이나 치매도 없으시고
정신 맑으시고 판단 올바르신 어머니
퇴행성 관절로 다리가 불편하시지만
직장에 나가는 며느리를 도와
집안 살림을 알뜰하고 정갈하게 해 주시네
이런 어머니의 건강하심은
우리 자식들의 큰 축복이네.

늘 건강치 못한 내가 아프면
행여 자식 앞세울까봐
노심초사 하시는 어머니

엊그제
어머니 찾아뵙고
세상 돌아가는 이야기를 하며
점심식사를 같이 했네.

어머니는 노인답지 않게
빠르게 돌아가는 삭막한 일들을
이해하시는 듯 했고
그 정정한 모습에
마음이 든든했네.

뜰에 잘 자란
오이와 풋고추를 따주시며
저녁 반찬 하라시는
어머니의 배웅을 받은 나는
참 행복했네.

종합병원

병명이 다른 과마다
환자와 보호자를 위한 대기실은
초만원이네

누구의 호출을 받았는지
종종 걸음으로 급히 지나가는
간호사의 바쁜 모습이
심심찮게 보이고
얼굴이 닮은 것을 보니 모녀지간인 듯
시골에 사는 노인 행색의 어머니를
휠체어에 태우고
밀고 나가는 중년의 딸

이 세상이 온통 아픈 사람으로
가득 찬 착각과
건강의 중요함이
새삼 느껴지는 병원

의사의 진료결과에 따라
울고 웃는 환자들의 운명과
건강할 수 있다는 사실이
얼마나 축복된 일인가를

알게 하는 곳

환자 전용침대 엘리베이터에
문이 열리며
링거를 달고 죽은 듯이
흰 시트 위에 누워있는 환자를 보니
죽음이 멀리 있는 것이 아니라
내 주변에 서성이고 있다는
생각에 가슴이 덜컹 하네

신뢰 있는 의사에게 생명을 맡기고
그 치료에 의지하는
환자와 가족들

오늘도 엘리베이터엔
치유의 간절한 바램을 안은 그들로
초만원의 물결이 이네

무더운 밤

입추 말복이
여러 날 지났어도
더위는 수그러질 줄 모르고
기기 승승

이렇게 더위가 자리 잡고
물러나질 않는다면
가을이 오다가
되돌아갈까 걱정이네.

매미도 더위 먹었는지
밤새 목청 돋우고 울어대네.

에어컨 선풍기 바람이 싫어
찬물에 발을 담그어도
잠은 아니 오고

차라리 더위와 불면을 벗 삼아
서재 한 편에서 잠자고 있는
묵은 책들 모두 깨워
오랜만에 함께
밤이나 새워볼까!

제3부

젊다는 것

젊다는 것
꼭 피부가 탱탱해야
젊은 것은 아닐게다.

이런 말이 있지 않은가
젊은 늙은이
늙은 젊은이

꿈을 쥐고 있으면
늙어도 젊고
꿈을 놓으면
젊어도 늙는다는 것.

꽃물

손톱 등 닦아내고
봉선화 꽃 싸개 하여
하룻밤 자고 아침에 일어나
꽃물이 진하게 남으라고
간장에 손가락 담갔었네.

날이 갈수록 꽃물은
손톱 밖으로 밀려나가
갈 곳 없는 꽃물은
가슴으로 스며들어
가슴도 드디어
꽃물이 들기 시작했네.

그리움
사랑하는 마음
빨간 꽃물 속에
꿈을 키웠네.

첫 눈이 올 때까지
손톱에 꽃물이
초승달 같이 가늘게
남아만 있어도

첫 사랑은 이루어진다기에
꽃물이 남은 손톱이 길어도
깎아내지 못하고
첫눈 오길 기다리던 시절

오랜 세월이 흘러도
가슴에 들여진 꽃물은
그대로 선명해
해마다 첫눈 오길 기다리네.

초례청

사모관대 예장으로
믿음직한 신랑

연지 곤지 칠보단장
어여쁜 신부

활옷 속에 숨어있는
넉넉한 덕
낭군 되실 신랑은
알아보았을까

백년가약 합환주
입술 적시며
가슴 설래라
마주친 두 눈빛

첫사랑

그 사람 마음을 알던 날
맑은 밤하늘에 떠 있는 달이
더 아름답게 보였고
총총히 박혀 있는 푸른 별들이
더욱 신비롭게 보였지

처음 듣는 사랑한다는 말
가슴 설레 꼬박 밤을 새우고
가슴엔 물레 하나 자리했지

그 사람 존재로
모든 것이 아름다움으로 바뀌어 감을
날마다 물레를 자아
시로 실을 뽑아서
서리서리 가슴 한 편에 타래를 지어
사랑의 노래를 쌓아 두었지.

그리움

아지랑이 기운에
잠을 깬 나무들의 기지개.

새 싹 움트는 소리
껍질 깨고 꽃망울 터지는 소리.

진달래 개나리 벚꽃이
화려히 피고 져 가는데
눈 같은 조팝꽃은 한창이네.

간간히
바람결에 꽃잎 날리는
봄
허허로운 영혼.

멀리서 들려오는
뻐꾸기 울음이
가시로 박혀오는 그리움.

목숨 꽃

물기 탱탱한 푸른 잎이
어느새 메말라
가지에 매달려 있는 늦가을

지는 황혼을 등에 업고
낡은 폐에서 울려 나오는
마른기침에 자즈러드는…

몸뚱이 어느 곳마다
시린 바람이 아니 나오는 곳 없는 육신
말라가는 세포로
살갗은 비늘이 내려
앙상한 가지처럼 되어 있지만

오랜 경험으로
생각은 무르익어
보는 것 마다
다 읽어 낼 수 있는 혜안

생의 마지막으로 피는 목숨 꽃
그것은 투명한 눈망울이다.

봄의 꽃 잔치

이른 봄이
나무들을 불러 모은다
무슨 할 말이 있나보다

매화 산수유 개나리 진달래 벚꽃 목련
차례로 손잡으며
서둘러 꽃 피워주길 부탁한다.
겨우내 움츠렸던 만물들에게
꽃 잔치를 열어 주자는 게다.

어우러주는 잎도 나기 전이라 부담스럽지만
작년가을 잎들이 주고 간
개화 호르몬을 꽃눈들이 받았기에
나무들은 각자 개성을 뽐내며
꽃을 피우기로 한다.

온 천지가
각가지 예쁜 색깔들로
꽃구름 뭉게뭉게 피어난다.

지난겨울
추위에 얼었던 희망이

꽃바람에 녹아
푸른 꿈으로 도약한다.

버팀목

혼자 일어설 수 없는 몸들을
안아 일으켜 세워
어깨에 받혀 주고
종일토록 아니 언제까지가 될지도 모르는
무게를 감당해야 하는 일

그래도
꺾어지거나 잘게 쪼개져
쓸모없는 나무토막으로
쇄설되기 보담
메고 있는 고통으로 힘은 들지만
능력 있어 제 할 일 할 수 있는 보람이
무엇보다 소중하다는 걸
버팀목은 알고 있네.

은방울꽃

낯선 타국 일본
어느 작은 길옆에 핀
은방울꽃을 보았네.

길쭉한 꽃대에
작고 하얀 방울 같은 꽃들이
대롱대롱 매달린 것을 보호하듯
넓쭉한 잎들이 둘러있는 모습

사진으로 보았던 꽃들을
실물로 만나는 황홀감
내 가슴에 행복한 파문으로
오래오래 남으리.

행복이란
먼 곳에 숨어 있는 것도
특별한 곳에 자리한 것도 아닌
아무렇지도 않은
그대로 가까운 곳에
가슴을 열고 바라만 볼 수 있다면
언제나 만날 수 있는 것이 아닐까!

작은 돌탑

산행 길
호젓한 곳에
하나
둘
크고 작은 돌들을
소원이나 기원을 담은
오가는 사람들이
정성스러운 마음으로
쌓아 놓은 돌탑

그래서일까
그 짜임새도 없이
쌓아 놓은 돌탑을
비바람도
눈보라도
사람들의 모여진 오랜 정성의 힘을
감히 범접 못해
무너지지 않고
언제나 그대로인가 보네.

나비

알에서 깨어난 유충
성충으로 자라면
가까이 볼수록 참 징그러운 생김새
화려한 호랑나비 애벌레일수록
더욱 그러하다.

묵묵히 제 혐오스런 모습
스스로 달래면서
새로운 도약의 꿈을
번데기로 사리는
숙고의 인내

어느 날
꿈을 키웠던 번데기 보금자리
허물로 남기고
새로운 삶을 찾아
아름답고 화려한 날개 펼치며
높이 높이
창공을 향해 비상하는 너.

눈 오는 날

늦저녁
올 겨울의 첫 눈이
참 소담스럽게도 내리네.

지구 온난화 때문일까
입동이 지나도록
사뭇 겨울답지 못하더니
느닷없는 한파로
겨울이 찾아와
오랜만에 하늘 문이 열리고
함박눈이 쏟아지네.

가로등에 비쳐 내리는
눈 그림자를 바라보다
문득 하늘을 쳐다보니
까마득히 먼 곳에서 부터
분분히 내려오는 설편이
눈이 아니라 하얀 안개 꽃송이가
피고 피면서 내려오는 듯하네.

공원 나무들도
일제히 눈꽃을 피워

마냥 순결해 보이고
눈을 기다리던 이들도
어른 아이 할 것 없이
한데 어울려 눈사람 만들고
또는 눈을 뭉쳐 팔매질을 하여
모처럼 겨울다움을 만끽하네.

나도 그이와 함께 손잡고
하얀 눈길에
발자국 새기며 걸었네.

소금

많이 넣으면 짜고
적게 넣으면 싱겁다.

지혜로운 사람은
늘 간을 잘 맞추어
귀하게 대접하고

우둔하고 어리석은 사람은
간을 잘 맞추지 못하고
싱겁다거나 짜다고
제 탓 모르고 푸대접

소금은 그냥
소금일 뿐인데

소나기

느닷없이
사방을 어둡게 하고
천둥과 번개로 고함치며
쌓인 스트레스를
분별 잃고 소나기로 쏟아지는 먹구름

한동안 정신없이
눈물바람 통곡으로
천지를 흔들더니
가슴 응어리
제풀에 풀리었나
평상심으로 돌아온 먹구름

하얀 불꽃 되어
멀리 멀리 사위어 가네.

시인은 꽃 보기를

시인은
아주 작은 꽃이라도
살펴 볼 줄 아는
자애가 있어야 하고

뿌리로 샘물 길어 올려
생명을 키워내는
고귀한 마음을
느낄 줄 알아야 하고

곱고 아름답게 피어 있는
그대로의 모습을
순수한 가슴으로
볼 줄 알아야 하고

삶을 마치며
꽃을 닫아야 하는
아린 목숨을
헤아려 낼 줄 아는
영혼의 눈물이 있어야 하네.

어느 아침에

어제도 못 보았는데
아침에 보니
선인장 가시잎 사이로
화살촉 같은 꽃봉오리가
봉긋봉긋 솟아있네.

밤새 잠 안자고
꽃봉오리 준비한 선인장
작은 준비도 소홀한 내가
공연히 민망했네.

징검다리

하나
둘
셋
넷
개울물에 엎드린 징검돌들

사람들에게 한사코 하는 소리가 있다.

내가 등을 빌려주는 것은
물에 빠지지 말고
올곧게 세상길을
걸어가라는 뜻이라고…

참새

작은 갈색 머리를
한시도 고정하지 않고
반짝이는 두 눈으로
두리번거리며 땅을 쪼는 버릇은
왜일까

누가 해칠까봐 겁먹어서일까
세상 돌아가는 모양새
불만해 구경하는 몸짓일까

너른 들판에 오곡이 무르익고
나락들의 풍요로운 황금물결
일 년 동안 피땀으로 일군
농부의 곡식들을
염치도 없게 까먹는
죽을죄를 저지르고
그래도 양심은 있어
사방으로
머리를 조아리며
용서를 비는 것은 아닐까

해거름

날이 저물면
감사하는 마음과
서글픈 마음이 있습니다.

험한 세상
오늘 하루도
무사하게 지낼 수 있었음에
감사하고

할 일은 많은데
얼마 남지 않은 시간이
또 하루만큼 줄었기에
서글픈 마음입니다.

호미

호미는
등 굽은 채로
밭에서 일만 한다.

보리밭 김매며
잡풀을 뽑아내고
콩밭 김매며
굳은 땅 풀어주고

베게 자란 배추 열무 밭 김매며
적당하게 솎음질 해 주고

물 안 빠지는 도랑을
흙을 긁어내 물길 열어 주고

호미는 그렇게
등 굽게 일만 하다
저 세상 가신
먼 옛날의 우리 할머니다.

가뭄

순돌이 가슴
가뭄으로 타고 있네

마음 둔 이웃집 분이가
산 너머 둔전마을 포목상 집에
민며느리로 시집간다는 소문

오가며
눈 한번 제대로 못 맞추고
더 더욱
좋아한다는 말
한 마디도 못한 채
이대로 보내야 하다니

가물어 타들어 가는
저 논바닥처럼
이리저리 갈라지는 순돌이 가슴
마음 아파 어쩌나

헛소문이야
굵은 비 주룩주룩
한동안 쏟아지면

갈라진 순돌이 가슴
다 메꾸어 질 텐데...

제4부

참선

기분 나쁜 일을
풀어내지 않고
고스란히 가슴에 담아 두면
그것이 응어리 되어
홧병이 된다기에
엊그제 언짢은 기분을 풀고져
내 작은 산방에 앉아
향을 사르고
참선에 든다.

맑은 물이 흐르는 냇가에 앉아
조심스럽게 마음을 꺼내
헹구고 또 헹구어 내고...

은은한 향 내음이
물감처럼 퍼지는 산방은
무아의 세계가 된다.

빗장

빗장이 어디 대문에만 있으랴

푸른 하늘을 담아 놓은 먹구름
눈에 보이지 않는 닫혀있는 마음
빗장은 닫고 열고 하는 의미로 태어나지만
그래도 닫는 의미에 무게를 둔다.
빗장은
형태가 다를 수는 있을 뿐
주변에 찾아보면 얼마든지 볼 수 있다.

닫혀있는 창문의 아늑함
여명이 밝아오는 아침
간밤에 누렸던 닫음의 아늑함도
새로운 공기가 통하는
열림의 일상이 없다면
닫혀 있어야만 하는 사실에
숨이 막힐 것이다.

닫혀야 하는 속에는
반드시 열어야 하는 이유도 있다.

오래 닫아 답답해하지 말고

빗장을 열고 아침을 맞으러
상쾌하게 대문을 나설 일이다.

저승

사람들이
마음이나
상상으로
가보는 곳

살아서는 갈 수 없고
죽어서나 갈 수 있다는 곳

그곳이 어떤 곳인지
아무도 모르게
살짝 가서 살펴보고 온다면
사후세계의 저승을
미리 알아 두었기에
죽음이 가자해도
두렵거나 불안하지 않고
편안하게 따라 갈 수 있지 않을까

무서운 곳이든
편안한 곳이든
그 어느 곳이 되든
평생 살면서
지은 업에 따라 간다는
카르마의 세계.

주름

나이 들면
생기는 주름

주름 속에
감추어진
인고

잘 살았으면
품위 있고
못 살았으면
초라하네.

어느 포근한 겨울 날

음력 선달이면
추위가 대단할 터인데
한파가 미리 왔다 간 때문일까
봄날처럼 포근한 날

두어 달 만에 만난 문인화 회원들
해가 바뀌었으니 (양력으로)
일 년 만이라고
농담을 하며 반가워하네.

추어탕으로 점심을 하고
우리는 모처럼
겨울 풍경 속을 드라이브 했네.

어쩌다 한 마리씩 말들이
한가로운 서삼능 종마 목장
나무들이 떨구어 놓은 낙엽들이
수북이 쌓인 숲
겨울잠을 자는 듯 숨소리 조용하지만
아마도 봄을 위한 준비로
내부의 분주함이 있으리라.

우리는 숲을 낀 오솔길을 걸으며

사람 살아가는 이야기를 하며
오후를 즐겼네.

적막

한밤중
홀연히 잠을 깨니
적막강산에 걸려 있는 달

시계의 초침도 멈춘 듯
사위가 고요하니
화단에 자고 있는
꽃잎들 숨결소리 들리는 듯하네.

아무려나

아무려나
잊었던
잊지 못했던
그게 무슨 상관이랴

잊었으면
잊은 만큼 비워내
마음 가벼워 좋고

잊지 못했으면
아직도 생각할 여력 있어
좋지 않은가!

아주머니 구멍가게

두부 한 모
파 한 단 팔며
반겨 인사한다.
애들 공부 잘하지
정스럽게 애들 안부까지
챙겨 묻는 나이 지긋한
가게 아주머니
"지금 돈 없으면 다음에 주고
그냥 가져가"
여기 가게를 찾는 손님들은
누구든 다 푸근함을 느꼈으리라

대형 마트가 들어서면서
오밀조밀 사람냄새 풍기는 구멍가게가
하나 둘씩 사라져간다
물건이 많고 값이 저렴하다는 이유로
대형 마트로 간다지만
구수한 서민의 훈정이 사라지고
바코드 계산의 삭막함에 서글프다.

온기로 엮어지는
구수한 인심의 구멍가게는

이제 찾기 힘들다
아직 남은 아주머니 구멍가게
이 동네
낭만의 끈을
꽉 잡고 있다.

숫눈

회색 구름 사이로
하늘 문이 열립니다.

얼굴에 내려앉으면
따뜻한 온기로
금세 눈물로 변하는
순결한 백설이
사르락 사르락 내려옵니다.

올봄
늘 부여안고 키우던
금쪽같은 손자를 내려놓고
하늘의 부름 받고
할머니는 떠나셨습니다.

손자에게 들려 주다만
그 많은 옛날이야기를
전할 수 없는 안타까움에
할머니의 가슴은 하늘에 있어도
냉가슴으로 얼어가고 있습니다.

풀 길 없는 언 가슴의 할머니

하늘이 도와주기로 했습니다.
눈송이로 이야기를 풀어내라고

할머니는 신이 났습니다.
예쁜 각의 모양으로 눈송이를 만들고
그 속에 손자가 좋아 할 이야기를
차곡차곡 담았습니다.

목소리 없는 이야기가 잘 들리는
깊은 밤을 골라
할머니는 눈송이로 옛날이야기를
풀어내어
그리운 손자에게 들려줍니다.

얼굴에 내려앉으면
따뜻한 온기로
금세 눈물로 변하는
할머니의 혼이 깃든 눈송이가
손자가 잠들고 있는 울안에
사르락 사르락 소곤소곤
하염없이 쌓여만 갑니다.

시래기

김장철에
갈무리하면 참 좋은 시래기

단단하고 큼직한 무에
실하게 달린 무청을
흐트러지지 않게
무 대가리를 약간 붙여 도려내어
누렇게 뜬 겉잎은 다듬어 낸다.

간추런히 해 놓은 무청을
한 움큼씩 쥐고
짚으로 보기 좋게 엮어
바람이 잘 통하는 처마 밑에
가지런히 매달아 말려 두면
겨우내 그리고 다음 해 봄까지
모자라는 양식에 보탬을 주던 시래기

삶은 시래기를 숭덩숭덩 썰어 넣고
된장 풀어 국도 끓이고
죽도 쑤고 나물도 무치고

먹거리가 풍부해지면서

오히려 넉넉한 인심이 줄어든 오늘날
아파트 베란다 난간에
무청을 걸쳐 말리며
시래기죽도 나누어 먹으며
이웃 간 훈훈한 마음을 피웠던
가난했던 시절을 그리워 해 본다.

스님

출가하여
부처님 제자 되어
세속 인연 다 끊어내 삭발하고
먹물 옷 한 벌 걸치고
가슴엔 무욕을 파종 하네

일생을
부처님의 깨달으신 진리를 전하고자
법문의 징검다리 놓으려
밤마다
잠을 설치는
중생들의 지팡이.

소중한 여유

하루 속에 쉴 수 있는 밤이 있어
감사합니다.

등이 휘어지는 힘든 일도
감내할 수 있음은
밤에 쉴 수 있다는
희망이 있기 때문입니다.

여름 한낮 뙤약볕에
갈라지는 아픈 땅도
아침에 촉촉이 일어날 수 있음은
밤새 내리는 이슬을 받고
쉴 수 있기 때문입니다.

아무리 아름답게 피는 꽃도
밤에 쉴 수 없으면
아침을 화려하게 피어날 수 없습니다.

쉴 수 있음은
우리에게 모자라는 힘을 채워주는
소중한 여유입니다.

산찔레꽃

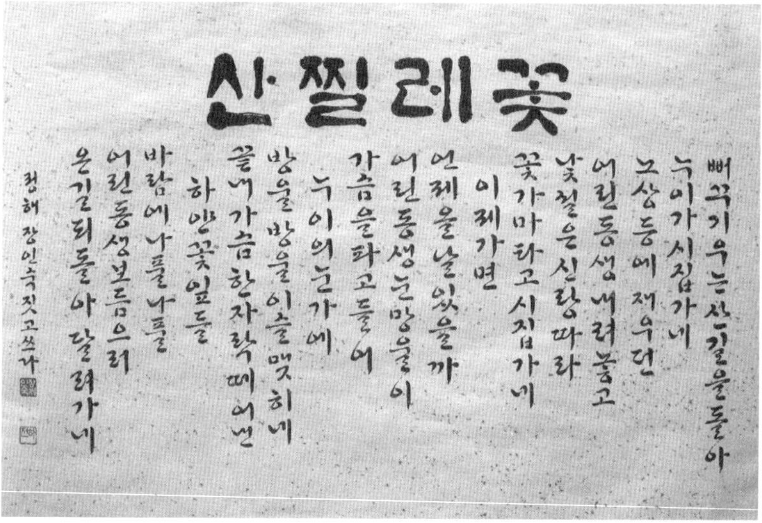
산찔레꽃
뻐꾹기 우는 산길을 돌아
누이가 시집가네
그 상등에 재우던
어린동생 내려놓고
낯설은 신랑 따라
꽃가마 타고 시집가네
이제 가면
언제 올날 있을까
어린동생 눈망울이
가슴을 파고들어
누이의 눈가에
방울방울 이슬 맺히네
끝내 가슴 한자락 떼어낸
하얀꽃잎들
바람에 나풀나풀
어린동생 보듬으러
온길 되돌아 달려가네
청해 장인숙 짓고쓰다

비오는 날

비가 오면
물이라서 일까
마음이 젖어오네

우산을 받고 걸어도
비 섞인 바람이
이리저리 불어와
어느 결에 차츰 차츰
옷도 젖어오네

사방을 둘러보아도
내리는 비에
모두가 젖고 있네.

태양을 가리우고
비를 내리는 검은 구름
한낮인데도 저무는 저녁처럼
어둠 컴컴한 세상

하늘같은 그 사람이 아픈 때문일까
날개 펼치고 비상해야 하는 희망이
오르지 못하고
자꾸만 자꾸만 비에 젖고 있네.

선운사 숲길

동백꽃으로 소문난 선운사 숲길
가을이라 동백꽃은 보이질 않고
키 큰 상수리나무가
가끔씩 바람결에 도토리 떨구는 소리
조용한 숲은 잠을 깹니다.

수북이 쌓인 갈잎 사이로 떨어져 숨은
도토리를 용케도 찾아 줍는
할머니의 배낭이 두툼해지고
잎이 먼저 지고 난 다음에 꽃이 혼자 피어
잎과 꽃이 서로 만날 날이 없는 꽃이라 하여
상사화라 지은 꽃
그 군락은
이제 밤톨 같은 구근만이 남아 있을 뿐
잎도 꽃도 다 땅속으로 스며들었나 봅니다.

막내가 빠진 우리 세 자매들은
숲이 뿜어내는 싱그러운 숨결을 마시며
가을도 줍고 도토리도 주웠습니다.
동백꽃처럼 어여쁘고 마음이 고운 셋째가
이 고장에 살아 봄 가을로 우리들을 불러주어
해마다 도시의 때를 씻어주곤 합니다.

해를 거듭할수록
숲이 풍요롭고 품이 커지듯
우리 자매들의 정도
아름드리 나이테로 굵어만 갑니다.
나무 사이로 언뜻 보이는 노을을 이고
우리는 참 행복하게
숲길을 걸었습니다.

물

물은
깊은 마음으로
흐르고 흘러
자력을 일으키며
생명을 지켜낸다

아무리 더러운 오탁이 흘러들어도
시간을 두고 인내하며
꾸준히 정화하여
끝내 맑은 생명으로 이루워낸다.

나태한 생각으로
흐르지 않고 고인 물에 안주하면
생명을 지닌 물은
퇴색하고 정기를 잃어
하늘의 흰 구름도 띄우지 못하고
달과 별들도
푸른 숲 나무들의 영상도 띄울 수 없는
맑음을 잃어 혼탁의 숨결로 괴로우니

물은 그냥
물처럼

깊은 마음으로 흐르고 흘러야
언제나 새로운 생명으로
청정하리라.

마애불

수백 수 천 년을
무언으로 다스린 몸
안으로 피 도는 일 아무도 모르리.

구름 흘러가는 소리
때때로 울음 우는 새들의 소리
나무들의 조용한 숨소리
하나같이 생사의 소리들

유정 무정들의 모든 중생들
삶의 중심 잡아 주고져
눈이 오면 눈 맞고
비가 오면 비 맞아
바람에 마모되어
합장한 두 손 조차 희미하여도
가슴의 도량은 푸른 정토

옹이 된 한을 호소하려
산길을 돌고 돌아
찾아 온 노 보살
그의 마른 가슴에
넌지시 넣어 주는

용기와 위로
마애불 !
당신은 산중의 어머니.

백지 한 장

꽃잎처럼 얇은
백지 한 장

겹겹이 산이 들어서고
보기 좋게 둘러앉은
바위들과 나무들
유유히 흐르는 강물도 안고 있으니

어느 날 서재에
산과 바위와 나무 그리고
강물도 안고 있는
액자 속의 그가
내게 말을 건넸네.

어느 크기
어느 무게도
마음만 활짝 열어 놓으면
다 끌어안을 수 있는 거라고.

마중물

당신과 내가 만난 것은
우연이 아닌
겁을 겪은
인연이라 생각합니다.

당신을 처음 보는 순간
아득히 먼 옛날부터
서로를 찾아 헤매인
어딘가 낯익은 모습을 느꼈습니다.
언젠가 보았었던 눈빛에서
가슴으로 느껴지는 아련한 파문

우리는 어쩌면
하나의 샘물이
이유 모르게 나뉘어진 채
눈이 되고 비가 되어
서로 흩어져 찾아 헤매이다
인연이 당신을 마중물로 내어 주어
이렇게
다시 만날 수 있었나 봅니다.

무당벌레

주황 바탕에
까마중이 박힌 듯
등딱지 무늬 아름다운 무당벌레

노란 통통한 살집에
거무스럼한 털이 보송보송 난
어린 애벌레는
까마중 잎 요람에서
날마다 행복하고

하늘 빛 받고
이슬을 받아
하루가 다르게 성장하여
깍지 날개 생기고
점박이 주황 갑옷 무장되면
여린 순에 잠입하여
식물 진액 빨고 있는
진딧물 무리 향해
공격을 개시하는 무당벌레

가을 단상, 시인의 아포리즘

김선주 / 문학평론가, 건국대 교수

가을은 뭇사람에게 결실의 기쁨과 삶의 풍성한 묘미를 가슴 가득 안겨주는 계절로 통한다. 또한, 사색의 계절이란 핑계로 독서와 명상이 그림자처럼 따라다닌다. 그러나 천민자본의 유입 이후, 기후의 변화와 이상 기온으로 인하여 점차 본질적인 원리가 사라져 간다면 우리는 어떤 생각을 하게 될까?

이는 비단 자연의 변화만을 감지하는 것이 아니라 자연과 더불어 생물의 조건을 두루 고집하면서 살아가는 인간에게도 지각변동은 어느새 발생한다. 자연스럽게 인성의 변화, 가치관의 변화, 인간관계를 지탱해줄 신뢰의 자리에 불신과 이기주의적 소산이라는 큰 모순덩어리를 올려놓고 맘몬(물질 숭배) 사상에 몰입되어 생명경시 풍조를 낳는데 일조한다.

작금을 시인으로 살면서 외면할 수 없다고 가슴앓이를 하던 사람이 있다. 본래 시인은 누구보다도 세대의 변화, 세대의 차이를 극명하게 감지한다. 어쩌면 역사와 현재라는 중간적 위치에서 격렬하게 영혼의 아픔을 느끼며 사는 주인공이다.

그는 다분히 삶의 수난이나 경험, 그동안 축적해 온 지식으로 부패한 시류에 일침을 놓기도 한다. 그럼에도 장인숙은 시적인 테마를 도구화 삼기 위해서 스스로 늦깎이 시인으로 데뷔한 것이다. 곧 시에는 허구와 위선, 부정과 부조리 현상을 향해 가하는 해머의 위력을 능가하는 위대한 힘이 스며있다. 동시에 사랑과 용서와 화해 및 위로와 가치존중 등 본질적 인간으로의 회귀를 촉구하는 마음 따스한 메시지가 내재해 있다는 것을 시인은 이미 알고 있기 때문이다.

시인은 시적 아포리즘을 통하여 독자에게 진정성을 향한 삶의 열정, 책임 완수와 동시에 일상에서 조화로운 삶을 위하여 잔잔한 메시지를 들려준다.

아포리즘은 경구나 격언, 금언이나 잠언 등을 일컫는다. 더불어 인생의 깊은 체험과 깨달음을 통해 얻은 진리를 간결하고 압축적으로 기록한 명상 중 하나로써 가장 짧은 말로 가장 긴 문장의 설교를 대신한다. 그런 면에서 장인숙은 인생을 진지하게 충분한 연륜으로 살아왔기에, 오늘을 사는 이들에게 진한 경종과 함께 인간성 회복을 요청한다.

그는 동시대 여타의 시인들에게 시란 무엇인가? 시적인 사상을 잇는 배경과 철학은 무엇인가 묻는다. 한 시대를 공유하는 뭇 시인이 나이와 환경을 불문하고 인기를 머금은 유행어에 사로잡혀 난삽한 경험이나 배경의 부재 현상에서 길을 잃고 방황한다. 한낱 언어조각이 빚어내는 기교를 마치 낯설게 하기의 명분으로 치장하는 예를 보면서, 서정으로의 회귀를 꿈꾸며 무언의 몸부림으로 표출하고자 하는 의지를 그의 아포리즘 유형의 시편에서 읽어낼 수 있다.

그 맥락의 중심을 흐르는 소재가 계절의 감각과 변화다. 특히 사계 중 가을이다.

시인의 말에서 "아직 햇살은 따갑지만 서늘한 가을바람이 선들선들 부는 공원길을 걷는데 나무 밑이나 길옆에 하나둘씩 죽은 매미가 누워있다"를 시작으로 그의 시를 살펴보면

"나 비록 / 농부의 손에 / 우스꽝스러운 모습으로 만들어져 / 온종일 들판에 서서 / 그가 시키는 대로 / 나락을 지키고 있지만

/ 내게도 / 꿈은 있다네" (〈허수아비의 꿈〉의 1연), "날마다 하는 일이지만 / 늘 새로운 마음으로 / 높이높이 떠서 / 습한 곳이든 마른 곳이든 / 골고루 빛을 내려주어 / 자기를 바라보며 사는 이들을 / 따뜻하게 보듬어 준다" (〈일몰〉의 2연), 그리고 시인의 시적 사상을 일몰에서 시작하여 〈나이 드는 일〉을 넘어서 〈나룻배〉에 이르게 되고, 그의 시적 종결 부분이라고 할 수 있는 절정은 〈가을엔〉에 와 닿는다고 할 수 있다.

가을은 낭만과 시가 숨 쉬는 계절인가? 이미 천민자본의 유입으로 그 가슴이 물질이란 문명의 괴물에 압사당해 문화지대 이곳저곳 저마다 무덤을 내고 살아간다. 그럼에도 시인은 이 가을에 독자 혹은 청자들에게 다음과 같이 진지한 요청을 건넨다.

"가을엔 / 작은 들꽃 한 송이 가슴에 달고 / 조용히 숲길을 걸어보세요 / 풀잎과 나뭇잎들이 물들어 가는 이야기를/가만히 들어 보세요 …… 가을엔 / 비움의 진리로 살아가는 / 나무들의 마음을 만나보러 / 조용한 숲길로 가보세요" (〈가을엔〉1연, 5연)

모든 죄와 불행은 자기 안의 욕망으로부터 나오게 마련이다. 그러기에 시인은 위의 시에서 정중하게 가을 숲으로 독자를 초대한다. 잠시 여유로운 마음으로 풀잎과 나뭇잎이 세월을 지나며 소곤대는 이야기를 귀 기울여 들으라고 부탁(please)한다. 마침내 끝 연에 이르러 마음을 비우고 살아가는 나무 곁에서 그들의 생애를 통하여 욕망으로 가득한 이기주의적 삶이 아닌 넉넉한 마음을 공급받기 위해서 힐링 숲으로 오라고 간곡하게 초청장을 발송한다.

아무래도 장 시인은 젊은 세대는 아니다. 그럼에도 그의 시에 감동하는 것은 오랜 세월을 살아오면서 충분히 세속화되었을 법도 한데, 그의 시편 하나하나를 대할 때마다 소녀 감성의 맑은 시어와 철학과 삶의 진정성을 잃지 않고 살아내는 그 넉넉한 시적 세계의 발견이다.

시인의 시를 정면으로 관통하는 작품은 분명 〈가을엔〉이라고 앞서 설명 한 바 있다. 그 가을에 머물면서 혹 지나쳐 오가면서 시적 자아의 절정이라 할 수 있는 곳을 또 한 곳 발견한다면, 단연코 〈시인은 꽃 보기를〉들 수 있다. 여기서 시인은 '꽃'이라고 명명하지만, 이 꽃에 머물고 있는 시인의 세계와 사상 그리고 인생관의 전면이 드러난다.

장 시인은 '꽃'과 '물'을 시적 테마의 중심에 놓았으며, 그 사물을 쉬 잊고 지나칠 우려가 있는 짧은 계절 '가을'을 묵시한다. 그는 시의 총체적 관점에서 이해하기 위해 세상을 다음과 같은 시선으로 보자고 권유한다.

"시인은 / 아주 작은 꽃이라도 / 살펴볼 줄 아는 / 자애가 있어야 하고 // 뿌리로 샘물 길어 올려 / 생명을 키워내는 / 고귀한 마음을 / 느낄 줄 알아야 하고 // 곱게 아름답게 피어 있는 / 그대로의 모습을 /순수한 가슴으로 / 볼 줄 알아야 하고 // 삶을 마치며 / 꽃을 닫아야 하는 / 아린 목숨을 / 헤아려 낼 줄 아는 / 영혼의 눈물이 있어야 하네"

이 한 편의 시에서 현재 시적 자아의 단아함 그 이면을 관통하는 철학이 보인다. 시인은 시편에서 매번 연을 끝맺을 때마다 '~하고'라는 어미를 사용한다. 끝 연에는 '~네'라고 종지부를 찍고 있다. 이는 그가 살아온 인생 뒤란을 돌아보면서 그만이 발견한 인생 가치와 철학을 독자의 감성을 울리는 형태로 전환한다.

시적 자아를 지닌 사람들과 혹은 시를 쓰고 읽어야 하는 시인들이나 독자들의 영혼이 한 송이 꽃을 보듯이 그리고 꽃 앞에서 인생을 깊이 사유할 줄 아는 즉물적 관점을 도입해 이처럼 열렬히 호소하는 것을 목격한다. 맑고 청초한 소녀의 자아를 지녔으되 시인이 살아온 삶의 간이역에는 즐거움과 기쁨 그리고 행복한 순간만이 있었던 것은 아니다. 시대의 아픔과 질풍노도와 같은 현실의 연속이었고 또한 그 순간을 마치 인생의 파노라마처럼 담담하게 그려냈다.

시인은 여러 다양한 각도에서 그가 표현하고 싶어 했던 모든 것을 쏟아낸다. 그 깊은 소망을 안고 이 가을을 만끽한다.

숲의 온갖 나무들이 비움을 경험하며, 혹독한 겨울을 준비하고, 신년 봄을 기약하듯, 시인은 올해 사색의 뜰에서 길어 올린 삶과 문명의 잔상들로 인해 망가진 인간성 상실의 유형을 한 권의 시집이란 정신병동에 감금하여 치유의 과정을 통과시킨다. 이후 새해에는 더욱더 진실하고 활기찬 인간성 회복의 에너지를 품고 살기 위해서 긴 휴지기에 들어간다. 그 목전에서 이 같은 아포리즘 성격의 시편을 대할 수 있는 것은 독자들에게 참 다행이다. 이윽고 사랑을 나누고 가치를 공유하는 절호의 기회가 된다는 점에서 우리는 장인숙 시인에게 큰 갈채를 보낸다. 오래도록 좋은 시를 독자에게 배달할 수 있기를 바라며 시인의 건강을 빈다.

2013년 10월 어느 날

가을 이야기

장인숙 약력

張仁淑 시인·서예가 : 1940년 서울 출생. 호하전 월간 「순수문학」을 통해 등단. 시집으로 <해마다 가을이 되면>(서문당, 2005)이 있고, 현재 순수문학인회 회원, 한국문인협회 회원.
2009년 대한민국 서화아카데미 미술대전(기로전), 문인화 부문 금상, 2010년 대한민국 서화아카데미 미술대전(기로전), 삼체상, 서예부문 금상 수상.
대한민국 문인화 초대작가

가을엔 장인숙시집 서문당 시인선집 27

2013년 10월 15일 초판 인쇄
2013년 10월 20일 초판 발행

지은이 장 인 숙
펴낸이 최 석 로
펴낸곳 서 문 당

주 소 경기도 고양시 일산서구 법곶동 1155-3
전 화 031-923-8258
팩 스 031-923-8259
홈페이지 Http://seomoondang.com

출판등록 제 406-313-2001-000005호

ISBN 978-89-7243-660-7